VENTE

Des Vendredi 26 et Samedi 27 Mars 1886

HOTEL DROUOT, SALLE N° 2

BEAUX MEUBLES DE SALON

EN TAPISSERIES & BOIS SCULPTÉ

ÉPOQUES LOUIS XIV et LOUIS XVI

Meubles — Bronzes — Marbres

Objets de Curiosité — Tableaux

BEAUX DIAMANTS

Provenant en partie

DE LA SUCCESSION DE M. LE MARQUIS D'ORMESSON

ET DU CHATEAU D'ORMESSON, PAR SUCY-EN-BRIE

Me TERNISIEN
COMMISSAIRE-PRISEUR
32, rue Saint-Lazare, 32.

M. A. BLOCHE
EXPERT
23, rue Chauchat, 23

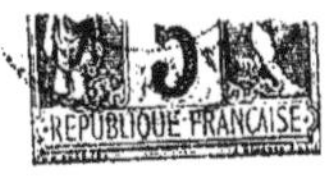

EXPOSITION PUBLIQUE

Le Jeudi 25 Mars 1886, de 1 h. 1/2 à 5 h. 1/2.

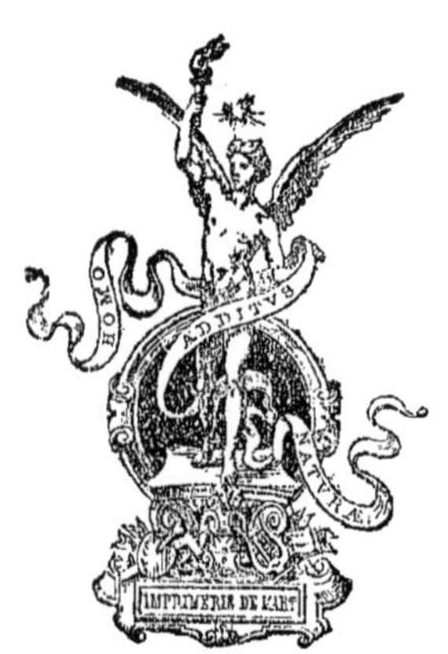
HOMO ADDITVS NATVRÆ
IMPRIMERIE DE L'ART

CATALOGUE

DE

BEAUX MEUBLES DE SALON

EN TAPISSERIE

Des Époques Louis XIV et Louis XVI

Lit, Crédences, Commodes, Consoles

BRONZES D'ART & D'AMEUBLEMENT

DU XVIIIe SIÈCLE

Marbres; Porcelaines; Faïences; Émaux-Miniatures; Boîtes

TABLEAUX ANCIENS ET MODERNES

Gravures — Tapis d'Orient

BEAUX DIAMANTS

Jolies Rivières — Bijoux — Objets de vitrine

PROVENANT EN PARTIE

De la succession de M. le Marquis d'Ormesson

Et du Château d'Ormesson par Sucy-en-Brie

DONT LA VENTE AURA LIEU

HOTEL DROUOT, SALLE N° 2

Les Vendredi 26 et Samedi 27 Mars 1886

A 2 HEURES

Me TERNISIEN	M. A. BLOCHE
COMMISSAIRE-PRISEUR	EXPERT
32, rue Saint-Lazare, 32.	23, rue Chauchat, 23.

EXPOSITION PUBLIQUE : Jeudi 25 Mars 1886

DE 1 HEURE 1/2 A 5 HEURES 1/2.

CONDITIONS DE LA VENTE

Elle sera faite au comptant.

Les acquéreurs payeront en sus des enchères *cinq pour cent*, applicables aux frais.

L'exposition mettant le public à même de se rendre compte de l'état des objets, il ne sera admis aucune réclamation une fois l'adjudication prononcée.

Paris. — Imprimerie de l'Art. E. Ménard et J. Augry,
41, rue de la Victoire, 41.

DÉSIGNATION DES OBJETS

OBJETS D'ART ET D'AMEUBLEMENT

1 — Très beau meuble de salon en bois finement sculpté et doré, dessin à chaînettes, perles et feuilles d'acanthe, pieds en spirales, couverts de tapisseries fond blanc, offrant des corbeilles fleuries à nids d'oiseaux, encadrées de guirlandes, de trophées de carquois et de flèches. Travail du temps de Louis XVI.

Il se compose d'un grand canapé, deux bergères, huit grands fauteuils et quatre plus petits. (Signé Girard.) Ensemble rare.

2 — Beau meuble de salon en bois sculpté rechampi de blanc, forme Louis XIV, couvert d'anciennes tapisseries au point, fond blanc à fleurs et branchages.

Il se compose d'un canapé, cinq grands fauteuils et deux moins grands.

3 — Commode à quatre rangées de tiroirs, en marqueterie de bois, ornée de bronzes dorés. Époque Louis XVI.

4 — Petit bureau en marqueterie de bois. Époque Louis XVI.

5 — Deux consoles d'angles en bois sculpté et doré. Époque Louis XVI.

6 — Vingt-cinq assiettes en ancienne porcelaine à la reine, décor à fleurs.

7 — Sucrier en ancienne porcelaine à la reine, décor à fleurs.

8 — Grosse théière en porcelaine de Boisette, décor à fleurs.

9 — Six petites coupes en porcelaine de Boisette, décor à fleurs.

10 — Quatre salières en ancienne porcelaine à la reine, décor à fleurs.

11 — Compotier en ancienne porcelaine de Saxe, décor à fleurs.

12 — Six pots à crème, ancienne porcelaine à la reine, décor à fleurs.

13 — Corbeille à fruits en ancienne porcelaine de Paris.

14 — Coquille en ancienne porcelaine de Paris, décor à rubans.

15 — Petit pot en ancienne porcelaine de Paris, décor à fleurs.

16 — Trois petits vases en ancienne porcelaine de Villeroi, décor à fleurs.

17 — Huilier en faïence de Strasbourg, à fleurs.

18 — Un lot de morceaux de tapisseries anciennes, pareilles à celles du meuble de salon Louis XVI.

19 — Tapisserie ancienne, pour canapé, pareille à celle du meuble de salon Louis XIV.

20 — Grand lit à colonnes, en bois sculpté, avec dossier et ciel de lit richement ornés Louis XIII.

21 — Meuble crédence, en bois sculpté, orné de têtes de chérubins, de masques fabuleux et de fruits. Louis XIII.

21 *bis*. — Beau meuble en bois sculpté Louis XIII.

22 — Paire de chenets en cuivre, modèle à boules et têtes d'anges. Époque Louis XIII.

23 — Pendule en bronze doré de l'Empire.

24 — Vase en cuivre doré. Travail de l'Inde.

25 — Petit groupe en marbre : *Léda;* sur socle en bois sculpté partie doré.

26 — Pendule en bronze doré, mouvement supporté par un éléphant et couronné par une figurine de Chinois. Louis XV.

27 — Porte-montre Louis XVI, en cuivre repoussé et doré, avec médaillon à guirlandes et tête de chèvre en argent.

28 — Deux très jolis petits chenets Louis XIV, ornés de mascarons.

29 — Petit groupe de bronze : Nymphe et Satyre, attribué à Clodion.

30 — Encrier en bronze, formé par trois chimères. Travail italien. XVIe siècle.

31 — Statuette d'Apollon, en bronze Louis XIV.

32 — Petite statuette : *Sénèque*, en bronze. XVIe siècle.

33 — Petite statuette : *Hercule*, bronze. XVIe siècle ; sur socle en marbre rouge.

34 — Deux petits vases Louis XVI, en marbre veiné ; monture en bronze.

35 — Deux belles appliques Louis XIV, à fond de glace avec montures à lumière, décoré de mascarons en bronze argenté.

36 — Jolie armure persane en fer gravé, décorée

de sujets allégoriques, de fleurs, d'ornements et de légendes, composée d'un casque, un bouclier et un brassard.

37 — Grande jarre hispano-arabe, décor à reflets métalliques, à grands dessins.

38 — Paire de candélabres en bronze doré, à trois lumières. Louis XVI.

39 — Plaque en bronze représentant saint Joseph et saint Jean en prière; bas-reliefs signés *Donatello.*

40 — Buste de jeune nymphe, en marbre, sur socle en bronze doré.

41 — Deux vases en marbre, montés en bronze doré, avec anses formées par des têtes d'oiseaux. Louis XVI.

42 — Petit cabinet en ébène, avec tiroirs à l'intérieur ; garniture en argent gravé et ajouré.

43 — Cartel Louis XVI en bronze doré, modèle vase et guirlandes.

44 — Deux chenets Louis XIII en bronze, à têtes de lions.

45 — Boîte en matière dure, montée en argent.

46 — Belle épée en argent Louis XIV ; pommeau formé d'un casque de guerrier finement ciselé et doré.

47 — Grand et beau couteau oriental en argent orné de coraux. Travail ancien.

48 — Vidrecome en argent avec couvercle surmonté d'une statuette allégorique. Travail allemand du XVIIe siècle.

49 — Cœur en argent formant cassolette entouré de flèches. Travail curieux du temps de Louis XIII.

50 — Sucrier en cuivre finement ciselé. Époque Louis XIII.

51 — Plateau oriental ancien en cuivre argenté.

52 — Six pièces anciennes en argent.

*

53 — Tabatière en argent. Travail de Toula.

54 — Châtelaine en acier.

55 — Paire de boutons d'oreilles en argent et stras.

56 — Croix normande en argent et stras.

57 — Émail sur or représentant un enfant et un lion couchés.

58 — Sept manches de couteaux japonais et niellés.

59 — Quatre gardes d'épées japonaises et niellées.

60 — Vingt-cinq sequins en argent ancien.

61 — Deux miniatures : Portraits d'hommes.

62 — Émail Louis XIII dans un médaillon en stras, monture argent.

63 à 72 — Trente-huit petites miniatures anciennes et émaux. (Sera divisé.)

73 — Petite boîte en agate.

74 — Plaquette, médaille et bas-relief en bois Louis XIII.

75 — Six petites figurines en cuivre représentant une Corporation religieuse. Époque Louis XIII.

76 — Groupe en bronze de *Barye* : Ours sur un rocher.

77 — Cadre doré Louis XIV.

78 — Quatre patères en bronze doré.

79 — Deux grands cadres ovales en bois sculpté et doré. Louis XIV.

80 — Cadre en bois sculpté Louis XV.

81 — Tableau avec cadre en bois sculpté Louis XIII.

82 — Fontaine et son bassin ancien.

83 — Grande et belle pendule de forme monumentale en marqueterie de cuivre sur fond d'écaille, ornée de bronzes, cariatides de de femmes : allégorie des Saisons ; un bas-relief sur le devant représentant le Char de Phaéton ; elle est supportée par quatre chevaux couchés, couronnée par une figure de Minerve, avec tablier à draperie, tombant sur le socle. Époque Louis XIV.

84 — Grand émail rectangulaire représentant une Adoration de la Vierge et de l'Enfant, composition de huit personnages en costumes du Moyen-Age, peinture en couleur rehaussée d'or. Travail italien attribué au XVIe siècle.

85 — Triptyque en émail de Limoges représentant des scènes tirées du Nouveau Testament. Peinture en grisaille, monture en bois noir.

86 — Plaque rectangulaire en émail de Limoges représentant Dieu offrant à Adam sa compagne. Peinture en grisaille avec ornements aux angles. Encadrée. XVIIe siècle.

87 — Plaque rectangulaire représentant le portrait de François Ier. Peinture sur émail, de Limoges, en grisaille rehaussée d'or. Cadre de bois doré.

88 — Grande plaque rectangulaire en émail peint représentant la Réception d'un évêque. Composition de nombreuses figures. Peinture en couleur rehaussée d'or; cadre en bois sculpté et doré ancien.

89 — Montre en or gravé avec émail peint : portrait de femme du temps de Louis XVI.

90 — Montre en or gravé; mouvement signé de *Lépine*. Époque Louis XIV.

91 — Grosse montre en cuivre. Époque Louis XIV.

92 — Quatre raviers forme bateaux en porcelaine de Sèvres, provenant des Châteaux de Dreux et des Tuileries; décor fond bleu turquoise à médaillons d'amours et sujets champêtres.

93 — Plat octogone en ancienne faïence de Rouen, décor bleu.

94 — Deux petits cadres en bois sculpté, fronton à rubans.

95 — Deux plats en vieux Chine, décor paysages et paons.

96 — Miroir biseauté avec cadre en marqueterie de cuivre.

97 — Petite corbeille en ivoire.

98 — Bouquetière en faïence de Nevers, décor à guirlandes.

99 — Buire en émail peint de Limoges, représentant des médaillons à sujets mythologiques et bustes de personnages sur fond à ornements et fleurs de lis en relief; porte dessous les monogrammes PRI de Limoges, 1553.

100 — Deux salières bouts de table en porcelaine genre Saxe, à figurines.

101 — Deux vases en porcelaine de Naples, décor à sujets mythologiques en relief.

102 — Sucrier en porcelaine de Saxe, fond jaune à médaillons de fleurs.

103 — Deux grands légumiers en porcelaine genre Saxe.

104 — Deux tasses et soucoupes genre Sèvres, fond bleu turquoise, à médaillons portraits historiques et fleurs de lis.

105 — Cinq tasses et soucoupes en ancienne porcelaine de Paris, décors variés.

106 — Cinq éventails, époques Louis XV et Louis XVI ; montures en ivoire; sujets allégoriques.

107 — Statuette d'Hercule en bronze; socle bois noir.

108 — Deux statuettes en terre cuite : Brigands de Syracuse.

109 — Statuette en terre cuite, représentant un ecclésiastique napolitain.

110 — Petite pendule forme monument à colonnes en marbre blanc orné de bronzes dorés. Époque Louis XIV.

111 — Flambeau en bronze du Japon formé par un ibis.

112 — Pot en grès décoré d'une bacchanale en relief.

113 — Pot à crème, décor à rehauts d'or, en ancienne porcelaine de Paris.

114 — Verre sur piédouche en marbre.

115 — Tabatière Louis XVI en argent doré et gravé à sujet de chasse.

116 — Bonbonnière en cuivre avec médaillon gravé sur le couvercle ; bordure perlée. Époque Louis XVI.

117 — Boîte ovale à charnières, en cuivre guilloché et doré. Époque Louis XVI.

118 — Bonbonnière en écaille avec miniature en grisaille sur le couvercle. Époque Louis XVI.

119 — Boîte à musique en poudre d'écaille avec sujet militaire sur le couvercle.

120 — Boîte à mouches en écaille posée d'or.

121 — Presse-papier en mosaïque de marbre.

122 — Petite chèvre en ivoire.

123 — Deux flambeaux en bronze repercé. Époque Empire.

124 — Deux appliques à trois lumières à fond fleurdelisé. Style Louis XVI.

125 — Deux petites appliques à trois lumières en bronze à fleurs de lis et trophées guerriers. Style Louis XIV.

126 à 130 — Seize plats en faïence de Delft, décor bleu. (Sera divisé.)

131 — Environ quarante assiettes de Delft. (Sera divisé.)

132 — Six assiettes du Japon, décor polychrome.

133 — Neuf assiettes en faïence, décor dit révolutionnaire.

134 — Six assiettes en faïence française.

135 — Deux assiettes de Rouen.

136 — Plat, décor à armoirie.

137 — Marbre représentant un chien assis.

138 — Couvert de voyage avec gaine à manche d'agate garnie en argent.

139 — Deux boucles Louis XV en argent et cristal de roche.

140 — Deux cadres octogones en argent et stras.

141 — Clef en argent, Louis XVI.

142 — Pendule en bronze doré. Époque Empire.

143 — Plateau en argent repoussé.

144 — Deux pommes de canne en cristal de roche.

145 — Légumier avec plateau en faïence de Savone.

146 — Six tasses avec soucoupes en porcelaine de Saxe.

147 — Deux petits pichets en faïence d'Urbino.

148 — Bonbonnière en agate.

149 — Coffret en bois de rose.

150 — Bougeoir en bronze. Époque Empire.

151 — Deux plateaux en cuivre gravé. Travail de Perse.

152 — Cachet en ivoire.

153 — Deux grands vases en ancienne porcelaine du Japon.

154 — Boîte de médecin en laque d'or du Japon.

155 — Bonbonnière en ancienne porcelaine de Chine.

156 — Deux figurines en ancien blanc de Chine.

157 — Groupe en ivoire japonais : deux savants.

158 — Deux bouteilles en porcelaine de Chine flambée.

159 — Deux vases de Chine de la famille verte, forme rouleaux.

160 — Grand plat en porcelaine du Japon, décor bleu.

160 *bis*. — Belle garniture de cheminée en bronze doré. Pendule et candélabres.

161 — Jolie miniature ronde sur ivoire : portrait de femme, coiffée à la poudre, représentée à mi-corps en robe décolletée, dans un parc. Style Louis XVI.

162 — Jolie miniature ronde sur ivoire : portrait de jeune femme en costume Louis XVI, coiffée d'un chapeau à plume.

162 *bis*. — Paire de vases de Chine, décor à paysages.

TAPIS

163 — Grand tapis d'Orient, fond rouge, à médaillons bleus.

164 — Grand tapis d'Orient, fond bleu, dessin multicolore à bandes vertes.

165 — Grand tapis d'Orient semé, fond rouge, dessin multicolore.

166 — Grand tapis fond rouge, à médaillons et bandes en vert foncé.

167 — Carpette persane, à dessins multicolores.

168 — Carpette de Perse, genre cachemire, à dessin rouge.

BIJOUX — DIAMANTS

169 — Belle parure en brillants, composée d'une grande rivière avec pampilles de soixante-cinq chatons.

Rivière avec pendeloques de trente chatons.

Diadème modèle à feuillages avec perles brillantes et roses.

Broche en perles, brillants et roses.

Broche forme fleur en brillants.

Broche de corsage tout en brillants.

170 — Paire de belles boucles d'oreilles composées de deux gros rubis entourés de vingt brillants anciens.

171 — Paire de boucles d'oreilles composées de deux brillants de fantaisie entourés de seize brillants blancs.

172 — Paire de boutons d'oreilles composés de deux gros brillants solitaires.

173 — Beau collier en brillants et saphirs.

174 — Bracelet composé d'un rubis, entouré de douze brillants.

175 — Bracelet composé d'une grosse turquoise fine et roses.

176 — Belle broche forme écusson, enrichie de brillants et cinq saphirs.

177 — Broche composée d'une turquoise fine avec double entourage en brillants anciens.

178 — Broche forme trident, en saphirs cabochons et brillants.

179 — Broche en or, forme mouche en or et rubis.

180 — Broche en or, marron d'Inde et grenat.

181 — Pendentif en or, enrichi de roses et perles fines.

182 — Bracelet en or, grenat et roses.

183 — Belle bague enrichie d'un gros rubis entouré de dix brillants anciens.

184 — Bague jumelle enrichie de deux perles fines, quatre gros brillants et seize petits brillants.

185 — Bague composée d'une grosse perle fine entourée de dix brillants.

186 — Broche forme feuillages en roses, enrichie d'un saphir étoilé au centre et deux perles.

187 — Broche forme brouette en roses et perles fines.

188 — Broche barette, forme trèfle, enrichie de trois perles fines et roses.

189 — Trois boutons de chemises formés de trois perles fines.

190 — Chaîne en or, enrichie de six perles fines.

191 — Dix épingles en or et perles.

192 — Épingle de cravate en or.

193 — Bague ancienne en roses.

194 — Couronne ancienne en argent garni de brillants.

195 — Trois cuillers en cristal de roche, avec manches émaillés en argent doré.

196 — Boîte en or émaillé Louis XVI, enrichie de perles fines.

197 — Boîte en or aventurine, garnie de brillants et de roses.

198 — Boîte en Saxe Louis XV, monture en or.

199 — Boîte ronde Louis XV, piqueté d'or.

200 — Boîte en camaïeu Louis XV.

201 — Flacon ancien de Saxe.

202 — Nécessaire ancien de Saxe.

203 — Étui ancien, camaïeu de Saxe.

204 — Flacon en Saxe, forme bras tenant un cœur enflammé dans la main.

205 — Étui forme asperge en ancien Saxe.

206 — Étui camaïeu en ancien Saxe.

207 — Boîte ovale en émail de Saxe.

208 — Cabinet ancien, aux armes de Marie-Antoinette.

209 — Couvert ancien en vermeil.

210 — Cœur ancien en roses.

211 — Croix-reliquaire ancienne en cristal de roche et or.

212 — Étui ancien de Saxe.

213 — Épingle sardoine en or ancien.

214 — Épingle forme tête en jaspe.

215 — Pendentif Saint Georges, en diamants, rubis et perles fines.

216 — Huit boutons anciens émaillés.

217 — Coupe en cristal de roche gravé avec statuette en argent émaillé.

218 — Miniature ancienne.

219 — Boîte ancienne burgautée.

220 — Cadre ancien émaillé.

221 — Vitrine renfermant une collection de pierres fines.

222 — Ceinture ancienne de Maggyane en argent, émeraudes et rubis.

223 — Plaque en argent doré, enrichie de jade et de roses.

224 — Deux lévriers en bronze doré.

TABLEAUX

BEAUBRUN

225 — *Portrait d'homme en cuirasse ; époque Louis XIII.*

BERGHEM

226 — *Paysage; effet de neige.*

Au premier plan, on voit des patineurs; dans le fond, un village avec moulin.

BOTH D'ITALIE

(Signé)

227 — *Monument près de Rome ; effet de soleil avec figures.*

BOUCHER

(Attribué à)

228 — *Baigneuse surprise.*

229-229 *bis.* — *Les Saisons.*

Deux tableaux ovales se faisant pendants.

BREYLE

(DE)

230 — *La Leçon de musique.*

CARRIERA

231 — *Portrait de femme en costume Louis XIV.*

Pastel signé, avec joli cadre doré.

DIAZ

(Genre de)

232 — *Bouquet de fleurs.*

DUPLESSIS

(M. H. Signé et daté 1792)

233 — *Le Camp.*

Au premier plan, des animaux au repos et des personnages, les uns à cheval, les autres occupés à divers travaux. Au fond, le campement d'une armée.

D'ENTRAYGUES

234 — *Le Fou et le Courtisan.*

HUBERT ROBERT

235 — *Monuments de l'ancienne Rome : le Colisée; le Temple de Vesta; la colonne Trajane.*

236 — Pendant du précédent.

LENFANT DE METZ

237 — *Le Troubadour.*

MARILHAT

238 — *Vue d'Orient.*

TROUVÉ

239 — *Tour fortifiée au milieu d'un parc.*

VAN DYCK

240 — *Portrait de dame et de son enfant en costume Louis XIII.*

VAN HUYSEM

(Attribué à)

241 — *Nature morte.*

VAN LOO

(CARLE)

242 — *L'Adoration des bergers.*

VELAZQUEZ

243 — *Nature morte.*

Fruits posés sur un tertre.
Quatre tableaux formant pendants.

ÉCOLE ESPAGNOLE ANCIENNE

244 — *Sujet religieux.*

ÉCOLE GOTHIQUE ITALIENNE

245 — *La Vierge tenant l'Enfant Jésus.*

ÉCOLE ITALIENNE

246 — *Portrait de grande dame.*

ÉCOLE HOLLANDAISE

247 — *Portrait de jeune femme en collerette blanche, tenant un livre à la main.*

GRAVURES

ÉCOLES DIVERSES

248 à 250 — Quatre-vingt-trois gravures : sujets profanes et religieux. (Sera divisé.)

251 — Objets non catalogués.

www.ingramcontent.com/pod-product-compliance
Ingram Content Group UK Ltd.
Pitfield, Milton Keynes, MK11 3LW, UK
UKHW020513180726
13839UKWH00005B/2069

9 782329 600734